Dieses Buch gehört:

Sei lieb zu diesem Buch!

Von schlauen Füchsen und fremden Federn

Ein vergnügliches Tiertheater nach Äsops klassischen Fabeln

Ausgewählt und illustriert von
Barbara McClintock

Ins Deutsche übertragen von
Sybil Gräfin Schönfeldt

COPPENRATH VERLAG MÜNSTER

Für meinen Sohn
Larson

Nicht stören – wir lesen!

ISBN 3-88547-958-3

1. Auflage 1993

Die Originalausgabe erschien unter dem Titel
"Animal Fables from Aesop"
bei David R. Godine, Publisher, INC., Boston

Printed in Belgium

Die Fabeln

Guten Abend, hochverehrtes Publikum!
Unsere kleine Schauspieltruppe
möchte Ihnen heute einige Fabeln
des Aesop zum besten geben.
Der Fuchs
Der Storch
Die Katze

Zuerst möchte ich Ihnen die Darsteller unseres vergnügten Tier-Theaters vorstellen...
Die Raben
Das Lamm
Der Wolf
Die Mäuse
Verschiedene Hunde und Pfauen

Fuchs und Rabe

Eines Morgens spazierte der Fuchs, schmuck und hungrig wie immer, durch den Wald. Er erblickte Frau Rabe, die es sich mit einem Stück Käse im Schnabel auf einem Ast gemütlich gemacht hatte. Der Fuchs sah, wie groß der Käse war, und das Wasser lief ihm im Munde zusammen. Er trat näher, zog höflich den Hut und säuselte zu ihr empor: „Schönen guten Morgen, meine Verehrteste, was sehen Sie heute entzückend aus! So glatt das Gefieder, so blank der Blick! Wer von solcher Wohlgestalt ist, dessen Stimme muß süßer klingen als die aller anderen Vögel im Hain. Ach, lassen Sie sie hören, damit ich sie bewundern kann."

Da reckte Frau Rabe geschmeichelt den Kopf und begann aus vollem Halse zu krächzen: „Krah, krah!"
Doch sowie sie den Schnabel aufsperrte, fiel der Käse zu Boden, und flink schnappte der Fuchs ihn auf.

„Besten Dank, Frau Rabe," rief er, „genau das habe ich gewollt! Im Tausch für Ihren Käse gebe ich Ihnen jedoch einen guten Rat: Trau keinem, der dir schmeichelt!"

Fuchs und Storch

Der Fuchs war mit Frau Storch befreundet, und sie schienen gern beisammen zu sein. Eines Tages lud der Fuchs seine Freundin zum Mittagessen ein. Doch zum Spaße trug er nichts als eine große flache Schüssel mit einer köstlichen Fleischbrühe auf, deren Duft den beiden in die Nase stieg.

Der Fuchs schlabberte
die Suppe ohne Mühe
aus der Schüssel.
Frau Storch jedoch
konnte mit
ihrem langen
Schnabel
nichts
von der Speise aufnehmen.

Da sagte der Fuchs scheinheilig: „Zu schade, daß dir mein Essen nicht schmeckt!“ Frau Storch kochte vor Wut, hielt aber den Schnabel und verließ das Haus des Fuchses genauso hungrig, wie sie gekommen war.

Am nächsten Tag bekam der Fuchs zu seinem höchsten Erstaunen eine Einladung von seiner Freundin zum Mittagessen ins Storchenhaus. Er zog sich so schick und schmuck wie immer an und machte sich flugs und geschmeichelt auf den Weg.

Der Fuchs begüßte Frau Storch mit überschwenglicher Höflichkeit und bedankte sich für die freundliche Einladung. Dann begaben sich die beiden ins Eßzimmer der Störchin, aus dem es verlockend duftete. Der Fuchs war so hungrig, wie Füchse immer sind.

Frau Storch servierte das Essen in einem hohen Krug mit langem, schmalem Hals. Seine Öffnung war so eng, daß der Fuchs nicht an die Speise gelangen, sondern nur einen Tropfen vom Kruge ablecken konnte.

„Ich brauche mich bei dir wohl nicht zu entschuldigen", sagte Frau Storch, nachdem sie sich gesättigt hatte, „denn du hast gesehen: Schlechte Beispiele verderben gute Sitten. Darum: Was du nicht willst, das man dir tu, das füg auch keinem andern zu!"

Stadtmaus und Landmaus

Eines Tages machte die Stadtmaus einen Ausflug ins Grüne und besuchte ihren Vetter auf dem Lande. Die Landmaus hieß den seltenen Gast freudig willkommen und tischte auf, was die bescheidene Speisekammer hergab: Bohnen und Speck, Käse und Brot. Die Stadtmaus, die eine so einfache Mahlzeit nicht gewohnt war, schnupperte am Speck und knabberte am Käse. Dann schob sie den Teller zurück und dachte sich: „Ich muß dem armen Burschen einmal zeigen, wie das wahre Leben ist!" Und sie lud den Vetter zu sich in die Stadt ein.

„Komm doch gleich mit", sagte sie, „ich zeig dir, wo ich wohne und wie ich lebe, und ich schwöre dir: Nach einer Woche in der Stadt willst du nie mehr aufs Land zurück!"

Gesagt, getan: Die Landmaus schloß ihr Haus ab, und die beiden machten sich auf den Weg in die Stadt.

Spät abends kamen die Vettern im Hause der Stadtmaus an. „Nach dem langen Marsch wirst du einen kleinen Happen brauchen", sagte die Stadtmaus und führte die Landmaus in den großen Speisesaal.

Dort fanden sie die Reste eines üppigen Festmahls, stürzten sich hungrig auf Pasteten, Puddings und Pralinen und schmausten und schmatzten nach Herzenslust.

Plötzlich hörten sie es draußen knurren und bellen. „Was ist das?" rief die Landmaus erschrocken. „Ach, das ist nur der Wachhund", antwortete die Stadtmaus, „iß nur weiter!" Doch da flog die Tür auf, und der Hund stürmte herein. Mit einem gewaltigen Satz sprangen die Mäuse vom Tische und flohen ins Mauseloch.

„Leb wohl, lieber Vetter", sagte die Landmaus, nachdem sie wieder zu Atem gekommen war. „Was?" fragte die Stadtmaus erstaunt. „Du willst schon gehen?"

„Ja", antwortete die Landmaus, „lieber esse ich Speck und Brot in Frieden als Kuchen und Wein in Angst und Grausen."

Wolf und Storch

Der Wolf fraß stets mit großer Gier. Eines Tages hatte er so wild drauflosgeschlungen, daß ihm ein Knöchelchen in der Kehle steckenblieb und er es nicht loswerden konnte, so sehr er auch würgte und hustete. „Hilfe! Zu Hilfe!" keuchte er, halb erstickt. „Ich geb euch auch alles, was ihr verlangt!" Doch alle Tiere drückten sich an ihm vorbei. „Das ist nur eine List", dachten sie, „wer kann dem Wolf schon trauen?"

Da kam Frau Storch des Weges und hatte Mitleid mit dem Wolf. „Leg dich auf den Rücken", befahl sie ihm, „und sperr dein Maul so weit auf, wie du kannst!"

Sie steckte ihm den langen Schnabel tief in den Schlund und ruckelte an dem Knöchelchen hin und her, bis sie es herausziehen konnte.

„Das wäre geschafft", sagte Frau Storch, „und was ist nun meine Belohnung?"

Da grinste der Wolf und fletschte seine Reißzähne. „Du kannst schon von Glück sagen", erwiderte er, „du hast deinen Kopf dem Wolf in den Rachen gesteckt und heil wieder herausgezogen. Das ist wohl Belohnung genug!"

„Undank ist der Welt Lohn", dachte Frau Storch, „erst recht bei gierigen Räubern."

Katze und Fuchs

Der Fuchs ging einmal mit der Katze spazieren und versuchte, sich vor ihr großzutun. Er prahlte, wie flink er seinen Feinden stets entkäme. „Ich habe einen ganzen Sack voll schlauer Tricks, und ich kenne hundert verschiedene Kniffs, um mich in Sicherheit zu bringen."

„Ich kenne nur einen einzigen", sagte die Katze gelassen, „aber der reicht mir völlig aus!"

Im selben Augenblick hörten sie das Gebell einer Hundemeute, die ihnen auf der Spur war. Im Nu war die Katze auf den nächsten Baum geklettert und verbarg sich im dichten Laub. „Das ist mein Kniff", rief die Katze, „und was machst du?"

Der Fuchs dachte zuerst an die eine List und dann an die andere und dann noch an eine dritte und konnte und konnte sich nicht entscheiden.

Da waren die Hunde über ihm und packten ihn und schleppten ihn davon. Die Katze, die das alles vom Baum aus verfolgt hatte, dachte bei sich: „Eine gute List ist besser als hundert ungewisse Möglichkeiten."

Wolf und Lamm

Es war einmal ein Lamm, das ging eines schönen Tages die Dorfstraße entlang. Als es um die nächste Ecke bog, stellte sich ihm der Wolf in den Weg, und der Wolf war wild und wütend und so hungrig, daß ihm der Magen knurrte.

„Du versperrst mir den Weg!" knurrte der Wolf.

„Aber ich bitte dich", antwortete das Lamm,

„hier ist doch Platz genug für uns beide."

„Ha!" heulte der Wolf, „du bist doch das Lamm, das mich im vorigen Jahr so beschimpft hat!"

„Das kann ich nicht gewesen sein", widersprach das Lamm, „ich bin doch erst sechs Monate alt!"

„Dann muß es deine Schwester oder
dein Bruder gewesen sein",
sagte der Wolf.
„Oh nein, ganz bestimmt nicht",
jammerte das Lamm,
„ich habe gar
keine Geschwister!"

„So ist es deine Mutter gewesen oder dein Vater!" knurrte der Wolf. „Ihr hetzt und jagt mich alle, und deshalb ist es nur gerecht, wenn ich mich an einem deiner Sippe für alle räche!" Mit diesen Worten schnappte sich der Wolf das arme Lamm und schleppte es davon. Es konnte nur noch klagen: „Dem Mächtigen ist jede Lüge recht!"

Rabe und Pfauen

Dem Raben kam zu Ohren, daß die Pfauen ein großes Fest feiern wollten, und er wünschte sich sehnlichst, teilnehmen zu können. Er wußte aber genau, daß die schönen Vögel keine schlichten schwarzen Raben zulassen würden. So zerbrach er sich den Kopf nach einem Ausweg. Da sah er im Geflügelhof die Federn liegen, die den Pfauen nach der Mauser ausgefallen waren, und er beschloß, sich damit zu verkleiden und der Festgesellschaft ein Schnippchen zu schlagen.

Der eitle Rabe stand stunden- und stundenlang vorm Spiegel und putzte sich mit den Pfauenfedern auf. Schließlich war er mit seinem schillernden Gefieder zufrieden und sagte: „Ich bin genauso schön wie die prächtigen Pfauen, viel zu schön, um mich noch mit schäbigen Raben abzugeben!" Er wandte seinen alten Freunden hochmütig den Rücken und spazierte zum Festsaal.

Im ersten Augenblick waren alle Gäste von dem stattlichen Rad des Raben beeindruckt. Doch dann entdeckten sie den Betrug, und sie pickten und hackten nach der Verkleidung und rissen und rupften ihm im Nu die gestohlenen Federn aus dem schwarzen Schwanz.

So stand der Rabe dumm und dämlich da und schlich sich nackt und verhöhnt aus dem Festsaal. Was blieb ihm anderes übrig, als zu den verratenen Freunden zurückzukehren? Die aber verspotteten ihn und kreischten: „Man soll sich nicht mit fremden Federn schmücken!"

Der Fuchs und die Trauben

An einem heißen Sommertag schlenderte der Fuchs, so schmuck und hungrig wie immer, durch die Gegend. Da sah er plötzlich eine schöne große Traube mit saftigen Beeren hoch über sich an einem Weinstock hängen.

„Die ist ja wie geschaffen, um meinen Appetit zu stillen", rief er aus.

Er versuchte, sie mit seinem Spazierstock abzuschlagen, aber so sehr er sich auch reckte und streckte, die Weintraube hing höher, als er reichen konnte.

Da versuchte er, zu ihr empor zu springen, aber so mächtige Sätze er auch machte, er kam an die Weintraube nicht heran.

Nach vielen vergeblichen Sprüngen nahm er einen langen Anlauf.

Flog in den Weinstock hinein und an der Traube vorbei. . .

. . . und landete im Staub auf dem harten Boden der Straße.

Da gab er es auf und hinkte davon, die Nase aber hoch in der Luft. „In Wirklichkeit", fauchte er die Nachbarn an, die sich neugierig versammelt hatten, „hab ich die Trauben gar nicht gewollt. Die waren sicher noch zu sauer."

„Es ist leicht", sagte eine Stimme aus der Menge, „das zu verschmähen, was man nicht haben kann."

Wolf und Hund

Der Wolf, ganz klapperdürr vor Hunger, ging schließlich seinen alten Freund, den Hund, um Hilfe an. „Ah, mein Bester", sagte der Hund, „ich hab es doch gewußt! Das Leben auf freier Wildbahn ist zu schwer für dich. Warum suchst du dir keine geregelte Arbeit, so wie ich? Dann hast du jeden Tag satt zu essen."

„Da hätte ich nichts dagegen", antwortete der Wolf, „wenn ich nur so eine Stelle fände."

„Nichts leichter als das", antwortete der Hund, „du kannst mir helfen, das Haus zu bewachen."

Als der Hund nach seiner Pfeife und dem Tabak griff, bemerkte der Wolf einen kahlen Streifen an dessen Nacken und fragte: „Was hast du denn da?"

„Ach nichts", antwortete der Hund, „das ist nur die abgeschabte Stelle, wo sie mir des Nachts mein Halsband anlegen, wenn ich an die Kette komme. Das würgt mich etwas, aber man gewöhnt sich dran!"

„Soso", murmelte der Wolf, „dann lebe wohl, Meister Hund. Lieber in Freiheit hungern als fett werden in Ketten."

ENDE

unseres Tier-Theaters

Einen großen Applaus für die Schauspiel-Truppe!